지난 줄거리

친구들을 찾아 '시간의 신전'을 돌아다니던 주카는
우연히 발견한 궁에서 핑크빈과 만나 신나게 놀고, 로비에게 비밀 보고를 받은
혼테일은 깊은 고민 끝에 감정이 봉인된 파이터 아루루를 만나 다짜고짜
싸우는 법을 가르친다. 수면마법이 풀린 도도는 슈미와 몽짜를 극적으로 만나지만,
기뻐할 틈도 없이 아리엘에게 쫓겨 다크 보텀으로 다함께 뛰어내린다.
한편, 시술을 통해 감정이 봉인되고 영혼철을 자유자재로 다루게 된 카이린은
아리엘의 명령으로 아루루를 공격하기 시작하는데…!

1판 1쇄 인쇄 2011년 6월 10일 | **1판 1쇄 발행** 2011년 6월 20일 | **글** 동암 송도수 | **그림** 서정은 | **발행인** 유승삼 | **편집인** 이광표 | **편집팀장** 최원영 | **편집** 이은정, 방유진, 이희진, 박수정, 오혜환, 권지은 | **표지 및 본문 디자인** 최한나, design86 | **마케팅 담당** 홍성현 | **제작 담당** 이수행 | **발행처** 서울문화사 | **등록일** 1988. 2. 16. | **등록번호** 제2-484 | **주소** 140-737 서울특별시 용산구 한강로 2가 2-35 | **전화** 791-0754(판매) 799-9171(편집) | **팩스** 749-4079(판매) 799-9300(편집) | **출력** 지에스테크 | **인쇄처** 서울교육 | **ISBN** 978-89-532-9437-0(세트) 978-89-263-9146-4

캐릭터 소개

바우
지나친 식탐으로 변비에 시달리기도 하지만 여전히 먹는 일엔 물불을 가리지 않는 괴짜 소녀.

도도
〈시간의 신전〉으로부터 메이플월드를 구하기 위해 온 힘을 다 하는 메이플 최고의 전사가 될 소년.

아루루
특별 시술을 통해 모든 감정이 봉인되고, 전투머신으로 거듭난 최강의 생체 유전자를 지닌 파이터.

델리키
옛 스승인 가짜 세계수를 부활시키고, 〈시간의 신전〉을 탈출하기 위해 연구를 거듭하는 마법사.

혼테일
황실 재건을 위해서는 어떤 위험도 감수하지만 주카에게는 한없이 약한 핑크빈 제국의 황태자.

카이린
개조 수술을 통해 모든 감정이 봉인된 채 영혼철을 자유자재로 다루게 된 건 파이터.

주카
혼테일의 보호로 제국에서 가장 안전하게 지내며, 몸에 암리타를 지닌 와일드카고 족의 공주.

슈미
헤어와 뷰티 마사지에 탁월한 능력을 지녔지만 성공보다 실수가 더 많은 착하고 순수한 세계수의 딸.

차례

날 죽이려는…

이유가
뭐지?

전혀 빈틈이
없어!

 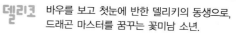 델리코 바우를 보고 첫눈에 반한 델리키의 동생으로,
드래곤 마스터를 꿈꾸는 꽃미남 소년.

지금이야!
다크사이트!!

 갈수록 재미가 더해가는 줄거리와 강한 액션들! 〈코믹 메이플스토리〉는 어른이 되어도
계속 수집품으로 간직하고 싶은 책이에요! (임승규 | 경기 안산시 상록구)

영혼철은 영혼을 감지한다. 그러니까 넌 여기서 살아나갈 수 없어.

다행히 금강산호에 맞아서 살았어!

좋아, 상대해 주마!

으…, 이 상태론 앞을 제대로 볼 수가 없어. 하지만…

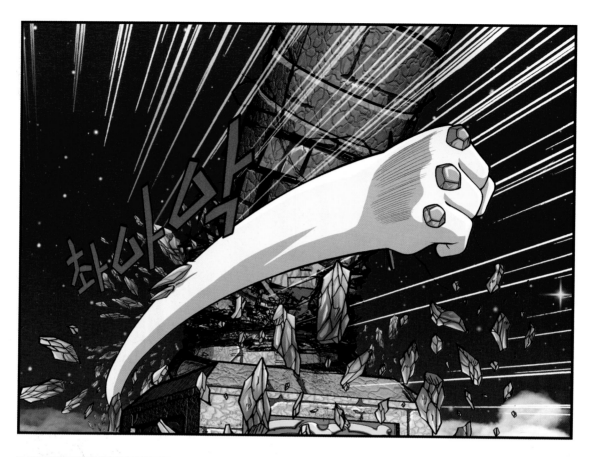

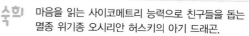

캐릭터 PLUS 슉휘 마음을 읽는 사이코메트리 능력으로 친구들을 돕는 멸종 위기종 오시리안 허스키의 아기 드래곤.

영혼을 감지한
탄환을 피해 기둥 뒤로
숨겠다면 나를 때린
그 팔부터 부숴주마!

기둥이 쓰러지면서
방패가 되다니!!
설마 미리 계산을…?!

안 되겠어! 소리만으론
정확한 공격이 불가능해….
그렇다면 오른쪽 눈으로….

허튼수작
부리지 마!

이상해…. 보이질 않아.
이런 식으론 시간만
잠시 늦출 뿐인데
이제 어쩌지…!

기둥 뒤에
숨어봤자 넌 나를
피할 수 없어!

캐릭터 PLUS 뚱스턴 정령계에서 소환된 후 도도 일행과 함께 모험하며,
특히 델리키에게 많은 힘이 되고 있는 최고 레벨의 매직 펫.

이런, 실패야!

이걸 어쩌나~,
눈을 다쳐
제대로 보이는 게
없나보군.

캐릭터
PLUS

몽짜 친구라고 믿었던 라케니스에게 배신당한 후,
슈미의 도움으로 새롭게 태어난 중음 출신의 악령.

금강산호 몸이라
총알이 관통하지
못했나봐!

좋아, 지금부턴
정면승부다!
이젠 피하지
않겠어!

훗, 이건
보통 총과는 달라.
영혼이 없는 사물은
파괴하지만, 영혼이
있는 인간은 영혼에
상처를 입히지.

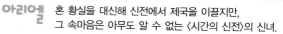

캐릭터 PLUS 아리엘 혼 황실을 대신해 신전에서 제국을 이끌지만,
그 속마음은 아무도 알 수 없는 〈시간의 신전〉의 신녀.

내 총에 맞은 너의 팔과 다리는 영혼의 상처로 인해 더는 움직일 수 없을 거다.

눈을 다친 상황에서 내 발소리와 총소리만으로 대응한 건 봐줄 만했어! 하지만 여기까지야. 내 총에 심장을 맞으면 너는 이제 끝이니까!

왼쪽 팔은 아직 쓸 수 있지만 카이린의 움직임이 보이지 않아.

잘 가라! 아루루.

이 순간 볼 수만 있다면…!!

제발…!!

총알이 멈췄어…!! 아니, 멈춘 게 아니라…

보여! 회전하며 날아오는 총탄 표면의 흠집과 소용돌이치는 먼지 알갱이들의 흐름… 모든 게 똑똑히 보여!!

상대 얼굴의 미세한 떨림까지…!!

캐릭터 PLUS

야찰

수많은 마법 도구와 도서를 갖춘 실험실을 지녔으나 직속 노예인 라케니스의 석화마법에 걸린 제국 최고의 대마법사.

<싱크로니시티>는 전투력의 최고 *경지를 가리키는 말이에요. 엄밀히 말하자면 전투력이라기보다 일종의 깨달음이죠.

넌 만날 어렵게 말하더라~. 알아듣게 좀 말해 봐.

*경지 : 쉽게 이를 수 없는 수준이나 상태.

세상 모든 존재는 시간의 흐름과 연관돼 있어요. 즉, 원인과 결과의 법칙이죠…. 하지만 <싱크로니시티>의 경지에선 이런 규칙이 사라져요. 시간의 흐름과 상관없이 원인과 결과를 동시에 느끼게 되니까요.

미안하지만, 더 못 알아듣겠거든?!

쉽게 말해 과거, 현재, 미래가 동시에 존재하고, 원인과 결과가 나란히 모습을 드러내는 거예요. 예를 들면, 총알이 날아오기 때문에 피하는 것이 아니라…

캐릭터 PLUS 로비 주카의 손바닥에서 그녀의 머리가 되어주는 혼테일의 충직한 부하이자 핑크빈 제국의 백성.

총알이 날아오는 것과
그 총알을 피하는
동작이 동시에
존재하는 거죠.

삶과 죽음이 갈리는
극한의 순간,
*백열의 경지에 다다른
자만이 얻을 수 있는
깨달음이에요.

송맛사

백열 : 기운이나 열정이 최고 상태에 달함. 또는 최고조에 달한 뜨거운 기운이나 열정.

기다리고 또 기다려야 한다. 열기가 최고에 다다를 때까지…. 마침내 백열의 순간이 왔다!

헉, 이제 마법을 펼치나요? 아니, 물 다 끓었다, 라면 집어넣어라!

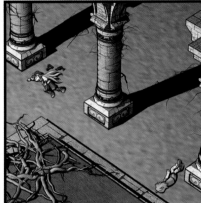

싱크로아이
(Synchro-eye)가
열린 걸 축하한다.

우와~,
어떻게 하면 최고의 경지에
이를 수 있는 거야?
학원에 다니면 돼?

쯧쯧, 문제야.
공부는 스스로
하는 건데….

학원은
아니고요….

아니야, 틀림없이 전문
학원이 있을 거야.
아니면 과외? 학습지?
인터넷 강의?

코메짱

우리 정연이에게 〈코믹 메이플스토리〉는 크리스마스예요! 매일 20일만 기다리거든요.
짝수달은 〈코믹 메이플스토리〉를 기다리고, 홀수달은 〈수학도둑〉을 기다리지요.
(추정연 어린이 어머니 | 서울 강서구 화곡본동)

아후후!

안심해라. 기절한 것 뿐이니까….

아루루한테 대체 무슨 짓을 한 거야?

네 소원을 들어주마, 주카.

갑자기 그게 무슨 말이야…?

네 소원은 내게서 영원히 벗어나는 것 아니었나?

마, 맞아! 하지만 왜? 아, 아니지, 왜는 아니고, 당연한 거지만…. 근데 갑자기 왜?

내가 왜 이렇게 횡설수설하지?

주카, 널 여기서 탈출시켜 주겠다.

황태자 전하, 저는 여기 남겠습니다.

아니, 넌 주카와 함께 가라! 명령이다! 그리고 또 한 가지….

오늘부터 황궁 지하의 탈출용 마법진 주문을 주카에게 연습시켜라!

그건 안 됩니다! 그 마법진은 전하의 마지막 탈출 수단입니다! 더구나 한 번 사용하면 마력 충전 시간이 오래 걸려서 다시 쓸 수 없을 것인데…!

내겐 필요 없다! 삶과 죽음, 그 어느 쪽이든 난 이곳을 떠나지 않을 테니까!

로비,
혼테일이 갑자기
왜 저러는 거야?

왜 말이 없어?

주카 웬수님과 말하기
싫으니까요! 비록 황태자님
명령으로 곁에 있지만, 앞으로
영원히 주카웬수님께 마음을
열지 않을 겁니다!
자신을 향한 진심에 마음을
열지 않는 사람한테는
저도 마음을
열고 싶지 않습니다!

떡—

바로 앞에서 쏜
총탄을 피했다고?

총탄을
피했다기보다는….

총탄 앞에
없었습니다.

그게 무슨 소리지?

….

하지만 그 전에
여러 발을
명중시켰으니,
살 가망은
없습니다.

신녀님~!!

저는 제가 가지고 있던 자전거를 팔아서 재미있는 〈코믹 메이플스토리〉를
살 정도로 이 책을 좋아해요. (백승헌 | 경기 용인시 기흥구)

지금 황태자가 아루루를 치료중이라 합니다.

아직 살아 있단 말인가요?

네, 생명엔 지장이 없답니다.

틀림없이 여러 발을 명중시….

영혼철은 주인의 마음을 거울처럼 비춘다.

즉, 네 마음이 아루루의 죽음을 거부했단 뜻이야.

저는 어떤 경우에도 명령에 *복종하도록 훈련 받았습니다! 제게 마음 따윈 없습니다.

과연 그럴까? 그렇다면 네 등 뒤의 독사를 피하지 말라는 명령에도 복종할 수 있겠느냐?

송맛사

복종하다 : 남이 시키는 대로 따르다.
주카, 단 한 번만이라도 내게 복종할 수 없겠나?
알았어요. 이제부터 복종할게요. 음…, 어색하군. 그냥 계속 반항해라.

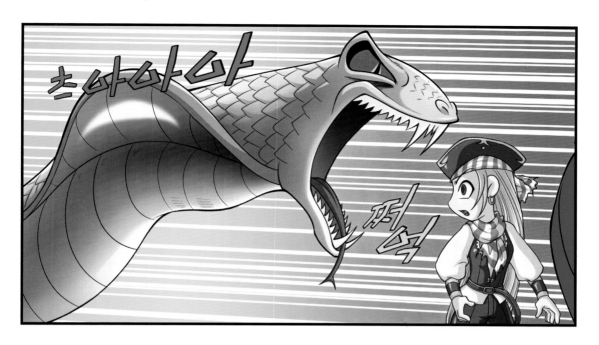

환상이라는 걸
알았느냐?

몰랐습니다.

물러가라.

후유~. 저는 기절할
뻔했습니다. 정말
대단한 녀석이네요.

....

자신의 목숨조차 가볍게
여길 정도로 철저한 훈련을
받았음에도, 아루루의
목숨을 지키려 했어.
스스로 *의식하지도
못하면서 말이야.

도대체 저 아이에게
아루루는 뭐지?

*의식하다 : 어떤 것을 깨닫거나 알아차리다.

어떻게 피했는지
모르겠지만, 이 빚은
반드시 갚으마!

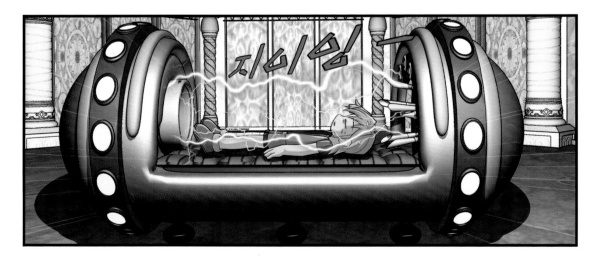

정신이 드나?

가슴이 아플 거다.
영혼의 상처가
깊을 테니….

섭섭하군. 내 덕분에
사물의 실체를 보는
〈싱크로아이〉가
열렸거늘….

왼쪽 눈만 성했어도
이렇게 당하진
않았을 겁니다!

그런 능력이라면 예전에도 있었습니다. 남들이 보지 못하는 것을 보는….

그건 겉핥기였을 뿐…, 〈싱크로아이〉는 근본을 볼 수 있는 힘이다.

과거와 현재, 미래를 *아우르며, 원인과 결과를 동시에 느끼는 거지. 그러니 존재의 근본을 꿰뚫을 수밖에….

*아우르다 : 여럿을 모아 한 덩어리가 되게 하다.

무슨 말인지 하나도 모르겠습니다.

핑크빈을 아느냐?

뤼느의 대제사장이신 불사의 신존 〈핑크빈〉 님이요?

넌 이제 핑크빈의 치명적 *급소를 볼 수 있으니 네가 마음만 먹는다면 불사는 아니지.

송맛사

급소 : 조금만 다쳐도 생명에 지장을 주는 몸의 중요한 부분.
카이린, 사람의 급소가 어딘지 아느냐? 당연히 심장이죠.
마음이란다. 몸의 상처는 시간이 지나면 아물지만, 마음의 상처는 평생 지워지지 않을 수도 있어.

지금 신존님을
해치라는 겁니까?
그건 반역입니다!

왜
웃는 겁니까?

아직도 주제 파악을
못 하는군. 넌 핑크빈의
급소를 볼 수 있을 뿐,
죽일 능력은 없다.

손을
내밀어라.

어서!

<코믹 메이플스토리> 주인공들아~! 지금까지 재미있는 이야기를 보여줘서 고마워.
하지만 나는 욕심쟁이라 아직 만족하지 못하니까(^^;) 앞으로도 계속 재미있게
해주길 바랄게! (김민준 | 경기 수원시 장안구)

선물이다.

그 검은
영혼을 베는 검이다.
〈소울 슬레이어(Soul-
slayer)〉라는
별명이 있지.

대단한
명검이야…!!

이런 걸
왜 저에게…?

〈소울 슬레이어〉는
핑크빈을
없앨 수 있는
유일한 무기니까!

거, 검이 손에서
떨어지질 않아…!

명검은 주인을
알아보는 법.

그런 명검이라면
황태자님이
가져가세요!

그건 곤란해.

왜죠…?

코메짱

〈코믹 메이플스토리〉는 친구들과의 따뜻한 우정과 모험심을 길러줘요~.
멋진 작가님들~ 파이팅! (최우성 | 경기 의정부시 신곡2동)

너 같으면…

아버지의 심장을
녹여 만든 검을…
네 손으로 직접
잡을 수 있겠느냐?

그렇다면 이것이…
마룡의 드래곤
하트를 녹여
빚은 검?!

쉬어라.

질 것이 분명한 싸움에
끼어들긴 싫어요!
당장 핑크빈 님께 모든 걸
보고하겠어요!

영리한 줄 알았는데…
나의 착각이었나?

핑크빈은
네 오른쪽 눈이
〈싱크로아이〉임을
*단박에 알아차릴
것이다. 그 눈이
자신의 급소를
꿰뚫어본다는 것도….
너라면 그런 자를
살려두겠느냐?

충분히 쉬어라!

네 몸이 회복되는
즉시, 일을 거행할
것이다!

단박에 : 그 자리에서 바로.

사람의 성격을 단박에 맞히는 심리 테스트가 있는데, 한번 해볼래? 응, 해볼게. 자장면이 좋아, 짬뽕이 좋아? 난 자장면! 그럼 넌 자장면을 좋아하는 성격이야! 어때? 딱 맞혔지? 엄청 신기하지?

30분 지났지?

응….

근데 앤 왜 이렇게 안 나와?

그러게…?

숨어! 빨리!

누, 누구세요~?

어머~! 신녀님께서 웬일이세요?

야찰 님은 어디 계시느냐?

시, 실험실에 계세요.

또? 요즘 계속 실험실에만 계시던데 대체 무슨 일이지?

내가 직접 들어가봐야겠군.

안 돼요! 실험실은 출입금지구역이라….

나는 괜찮아.

방어복이 없으면 너무 위험….

내 마법력이면 문제 없어! 어서 비켜!

제가 힘들게 만든, 부서지기 쉬운 배를 엄마가 망가뜨린다고 해도 재밌는 〈코믹 메이플스토리〉만 사다주시면 엄마를 '어마마마~!'라고 부를 만큼 정말 좋아하는 〈코믹 메이플스토리〉! (이성민 | 경기 남양주시 금곡동)

·37

안 된다면
안 되는 줄 아세욧!!

뭐야?! 어디 감히
신녀에게…!!

아무리 신녀님이라도
이 실험실만은
안 돼요! 야찰 님의
명령이라고요!

어머, 그럼 그게
사실이었구나?

네?

너랑 야찰 님이랑
사귄다는 소문 말이야~!
그렇지 않고서야 나한테 이런
건방을 떨 리가 없지!

역시 난 감이 좋아~!
어서 소문내러 가야지,
룰루랄라~!!

라케니스, 야찰이랑은 언제부터 사귄 거야?

아, 피곤해….

뭐 하다 이제 나오는 거야?! 이 굼벵아!

죽도록 고생하다 나온 사람한테 웬 성질이야?!

나도 고생 엄청 했거든? 네가 꾸물대는 바람에 난 이상한 소문까지 나게 생겼다고!

너 원래 이상한 소문 많았어!

뭐? 지금 말 다했어?!

둘 다 그만 좀 해-!!

광현이에게 〈코믹 메이플스토리〉는 '미소'입니다. 이 책을 보면서 광현이는 내내 웃지요. 마지막 장을 넘기며 아쉬워하는 모습이 정말 귀엽습니다.
(이광현 어린이 어머니 | 경남 진주시 하대동)

너희가 지금 싸울 때야? 우린 한시가 급하다고!

라케니스! 날 잡아서 확실히 결판을 내줄 테니까 기다려!

쳇, 누가 할 소리~?!

둘 다 그만하랬지!!

뚱스턴 봐서 참는 줄 알아.

그건 무슨 가루야?

인위적으로 블랙홀을 만드는 마법가루야!

블랙홀?

와!

지금 야찰의 생명력은 엘리멘탈 상태로 분해되어 돌조각 위에 떠 있어. 이걸 다시 합쳐 형체를 갖추려면 현실계의 물리법칙으로는 불가능한 고도의 압력이 필요해.

아하~, 인공적으로 블랙홀을 만든 다음, 그 안에 분해된 생명력을 밀어 넣어 압축하려는 거구나.

가루가 움직이기 시작했어!

동암 송도수, 서정은 작가님~ 이렇게 힘들게 〈코믹 메이플스토리〉를 만들어 주셔서 감사합니다. 앞으로도 유머있고 신나는 책을 만들어 주세요!^^
(박여명 | 광주광역시 북구 매곡동)

야찰이 *감쪽같이 사라졌네?

성공이야! 야찰이 블랙홀 안으로 무사히 들어갔으니까 조금 기다렸다가 화이트홀이 열렸을 때 야찰을 꺼내면….

하야아~, 진짜 신기하다….

감쪽같다 : 꾸미거나 고친 흔적이 전혀 알아볼 수 없게 깨끗하다.

방귀를 뀌는 순간, 기침을 하면 방귀 소리가 **감쪽같이** 가려진다고~! 후훗, 역시 난 천재야!

누나 속셈은 알겠는데…, 이 냄새는 어쩔 거예요!!

넌 야찰이 부활하고 기운을 차리기 전에 바로 석화마법을 걸어야 되니까 정신 똑바로 차려!

뭐야?! 기분 나쁘게 누구한테 이래라 저래라 명령이야?

또 시작이야?

나도 너 같은 싸가지랑은 한 마디도 하기 싫거든!

내가 싸가지면 넌 악질 능구렁이 변태다!

말 다했어?

덜 했다! 왜!

당장 붙어봐?!

얼마든지!

으…, 정말 미치겠군!

나도 이젠 안 말릴 거야! 블랙홀을 만들든, 화이트홀을 만들든 너네 마음대로 해!!

척

먹어도 먹어도 또 먹고 싶은 간식처럼 보고 또 봐도 다시 보고 싶어지는 〈코믹 메이플스토리〉! (김대진 | 인천광역시 계양구 상야동)

43

화이트홀
어딨어?

잠깐 열렸다가 바로
닫혔을 거야. 워낙 순식간에
벌어지는 일이라….

그럼 야찰이
부활했어야
되는 거 아냐?

그러게….
그런데 왜
안 보이지?

실패한 걸까?
가루의 움직임도
아까와는 달랐는데….

뭐야, 결국
실패한 거야?

아니거든!!

그럼 야찰은
어딨어? 어딨냐고!!

기다려봐!

시끄럽다,
이 원수 같은
생쥐들아!

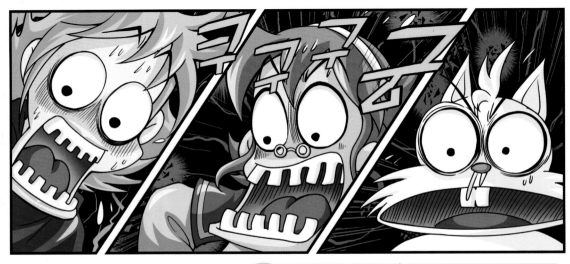

야… 야찰 님?

어쩌지…,
블랙홀에 너무
오래 있었나봐!

49

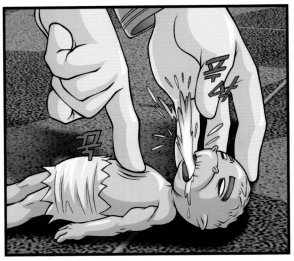

날… 왜 살렸느냐?

이런 벌레 같은 *몰골로 사느니, 차라리 죽는 게 낫다!

몸 작아진 게 뭐 그리 큰일이라고 저 난리래~?

죄송합니다! 용서해 주십시오.

용서를 빈다고 해서 해결될 일이 아니지 않나!

 몰골 : 볼품없는 꼴.

🔵 당신은 황태자라면서 몰골이 그게 뭐예요? 머리라도 좀 빗고 다니든가….

🟤 뭘 모르는군. 이 머린, 일류 헤어 디자이너가 다섯 시간에 걸쳐 한 올 한 올 손으로 흐트러뜨린 거다.

아니, 방법이 있습니다!

야찰 님을 다시 엘리멘탈 상태로 분해한 다음, 블랙홀에 넣어 압력을 조절한다면….

블랙홀의 압력을 조절하겠다고? 네게 그만한 마법력이 있느냐?

지금은 없지만….

감히 나를 놀려?! 차라리…!

당장 여기서 내려주지 못할까!

안 됩니다! 또 뛰실 거잖아요.

야찰 님, 제게 마법을 가르쳐 주신다면 실력을 쌓아 꼭 원래 모습으로 되돌려 드리겠습니다.

*꾀바른 녀석이로구나. 감히 제국의 대마법사인 내게 공짜로 마법을 배우려 들다니….

이렇게 된 처지에 화를 내봤자 무슨 소용인가….

대마법사 야찰의 우스꽝스러운 꼴 좀 봐!

본모습으로 돌아가게 해달라고? 그건 안 되지~. 이렇게 재미난 구경이 또 어디 있다고~!

송맛사

꾀바르다 : 어려운 일이나 난처한 경우를 잘 피하거나 약게 처리하는 꾀가 많다.

으하하, 역시 나는 〈코메〉 최강의 **꾀바른** 소녀! 방귀를 뀌는 순간, 기침을 하고 트림까지 해서 소리와 냄새를 동시에 가렸지롱~!

그 꼴을
당하느니
차라리…!

괘씸하긴 하지만
저 녀석은…
배신할 타입은
아닌 것 같은데….

나는 무리한
압축으로 인해 마법력을
잃었다. 내가 가르칠 수
있는 것은 이론뿐인데…
괜찮겠느냐?

네, 열심히
배우겠습니다!

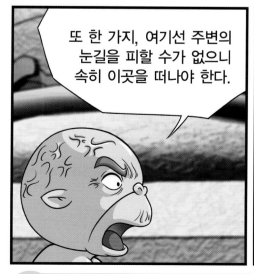

또 한 가지, 여기선 주변의
눈길을 피할 수가 없으니
속히 이곳을 떠나야 한다.

그거라면
대찬성이죠~.

저희도
바라는
일입니다!

우아, 이제
살았다!

스승님, 앞으로 정성을 다해….

닥쳐라, 이놈!

너 따위 교활한 사기꾼을 내가 제자로 삼을 것 같더냐? 지금은 어쩔 수 없이 함께하는 것이다! 그러니 그 더러운 입을 함부로 놀리지 마라!

화나는 건 알겠는데… 그래도 말이 너무 심하네.

아이참~ 딴소리 그만하고, 얼른 여기서 빠져나갈 *궁리나 해요!

원래 내 마법력이라면 이런 건 일도 아닌데….

하나 마나 한 얘긴 빼고 어서 본론이나 말해요!

신전은 제국의 심장부로, 출입이 엄격히 통제되는 곳이다. 신존부 허락이 없으면 들어오기도, 나가기도 힘들지.

송맛사

궁리 : 어떤 일을 잘 풀어내려고 이리저리 따져 깊이 생각하는 것.
선생님, 아무리 궁리해도 모르겠어요. 뭘? 제가 여태까지 무슨 궁리를 하고 있었는지….
아, 어렵구나. 바우롤 〈코메〉의 철학자로 임명하노라.

내 생각에는
이 방법밖에….

그게 뭔데요?

안 돼!
죽어도 못 해!

차라리 죽는 게
나아요!

*수치스럽다 : 다른 사람들을 볼 낯이 없거나 스스로 떳떳하지 못한 느낌이 있다.

그래? 그럼 이렇게
*수치스럽게 사느니…!!

그건
더 안 돼-!!!

신전 입구 비행정 터미널

여권은 완벽하게
*위조했으니까,
나머진 너희들
연기에 달렸다.

네….

*위조 : 어떤 물건을 속일 목적으로 꾸며 진짜처럼 만듦.

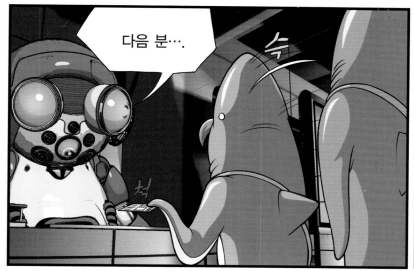

다음 분….

신존부에서 발행한 여행허가서는…?

없는데요.

그럼 출국할 수 없습니다. 다음 분!

자, 잠시만요!

저희는 어제 결혼 했습니다. 신혼부부는 신존부 허가 없이도 출국할 수 있다고 들었는데요.

그렇습니다. 몬스터 인구증가정책에 따라 신혼부부에 대해선 특별한 혜택이 주어지고 있습니다.

신혼부부래!

신혼여행 가나봐.

좋~은 때다!

코메짱

<코믹 메이플스토리>는 우리 의건이가 항상 기다리는 책이에요. 가장 선물받고 싶어하는 책이기도 합니다.^^
(홍의건 어린이 어머니 | 서울 금천구 독산동)

그럼 들어가도 되죠?

두 분은 어디서 만나서 결혼했수?

모, 몬스터 축제에서요….

제국이 낯선 행성에 내려온 지 얼마 안 돼 분위기가 어수선한데, 젊은이들은 연애도 하고 결혼도 하네요~.

암, 그래야지. 대견하구먼!

그럼 저희는 이만….

뭐가 그렇게 급해?

간만에 보는 신혼부분데, 구경 좀 더 하게 해줘~!

빨리 단둘이 있고 싶은가 보지? 좋아, 그럼 우리 부탁 하나만 들어주고 가요.

무슨 부탁인데요…?

신혼부부에게 부탁할 거라면 뻔하지!!

저기,
그건….

안 하면
안 보내줄 거야!

어서 하고
들어가는 게 좋을 것
같군요.

그냥 빨리
해버리는 게 낫겠어.

읍, 아직도
속이 울렁거려!

누구는!!

그만들 해, 이러다
정말 들통 나겠어!

아, 이런! 스태프를
두고 오다니!!

*수습 마법사
시절부터 항상 곁에
뒀던, 내 분신 같은
물건인데….

산정 붕괴

스태프가 뭐야?

마법사들이
사용하는
지팡이 있어.

송맛사

수습 : 어떤 일을 정식으로 하기 전에 그 일을 익히는 것.
'소피&미셸 살롱'의 수습사원 슈미입니다. 제가 원장 아니었냐고요?
그게… 골치 아픈 손님이 왔을 땐 수습사원이라고 한답니다.^^;

내 서재에 있는데….
그것 좀 가져다
줄 수 없을까?

물론 없죠!

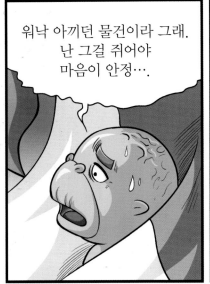

워낙 아끼던 물건이라 그래.
난 그걸 쥐어야
마음이 안정….

아니, 콩알만 한 몸으로
스태프를 어떻게
쥐겠다는 거예요?
제발 주제파악 좀
하시죠!

아~ㅁㅁㅁㅁ!

그렇군. 내가 현실을
깜박했어. 내 주제에
스태프는 무슨….

뚱스턴, 야찰 님을 부탁해.
금방 다녀올게.

어딜 가려고?

야찰 님
서재에….

너, 제정신이야?!
이 비행정을 놓치면
끝장이라고!

잘됐잖아?
네가 바라는 게
그걸 테니.

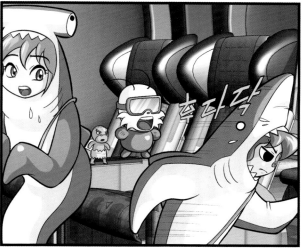

코메장
〈코믹 메이플스토리〉를 읽고 있으면 너무 재미있어서 시간 가는 줄을 모르겠어요.
책을 다 읽어갈 때면, 다음 권이 빨리 나오면 좋겠다는 생각을 언제나 한답니다.
(서민석 | 충북 청주시 상당구)

이 바보, 천치, 멍텅구리야!!
다시 오기만 해 봐, 넌 나한테
죽을 줄 알아!!

아니, 벌써
부부싸움이야?

신부가 보통이
아니네~.

신랑 고생 좀
하겠다~!

라케니스,
나 방금
깨달은 건데….

너, 델리키 오빠를
진심으로
걱정하는구나?

입 다물어!
애완몬스터 가게에
확 팔아치우기 전에…!!

그렇게까지 하면서
가져올 필욘 없는데….

영감님도 입 다무세요!!
서커스단에 확
팔아넘기기 전에…!!

잠시 후

비행정이 곧 출발합니다.
모두 자리에 앉아 주세요!

오빠… 빨리 와….
빨리….

너네 오빠 못 와!
그러니까 이제 그만 울어!

처음에 저희 엄마는 제가 〈코믹 메이플스토리〉를 읽는 것을 별로 달가워하지 않으셨어요.
하지만 이젠 저보다 엄마가 더 〈코믹 메이플스토리〉의 열렬한 팬이랍니다. *^^*
(이지우 | 경기 용인시 수지구)

 *65

흥, 그렇게
잘난 척하더니~
*깨소금 맛이다!

나 왔어…!
걱정 많이 했지?

내가 미쳤냐?
네 걱정을
하게~!

후유~

너한테
한 말 아니거든!

오빠잉~.

가져왔습니다,
야찰 님!

괜한 짓을 했구나!
어차피 내겐 소용
없다고 했을 텐데….

그렇게 *아양 떨어봤자 안 통한다! 난 너에게 나의 회복에 필요한 마법 외에는 그 어떤 것도 알려주지 않을 생각이니까!

너무하세요! 오빠 목숨까지 걸고 스태프를 가져왔다고요!

뚱스턴, 그만해!

야찰 님 말씀이 맞아.

교활한 녀석, 끝까지 착한 척을 해?! 그런다고 내가 너한테 넘어갈 줄 알고?

메이플월드를 방문하시는 제국의 여행자 여러분께 안내 말씀 드립니다.

송맛사 **아양** : 남한테 잘 보이려고 귀엽게 굴면서 알랑거리는 짓.

내가 **아양**을 떨면 남자들은 모두 녹아버린다네! 아잉~ 아잉~ 호호호~!

윽, 주먹이 운다…!

68

슈미야, 정신 좀 차려봐, 응?!

여기가… 어디야?

기억 안 나?

아, 괴물집의 혓바닥….

깨어났네?

괴, 괴물!!

괴물?
어디?

너…!!

나…?!

아~, 집
때문에 많이
놀랐구나!

미안해, 우리 왕눈이가
너희를 먹잇감으로
착각했나 봐.

왕눈이?

왕눈이는 우리 집
이름이야.

그럼 집이 우릴
먹은 거야?

우리 왕눈이는 음식물
섭취를 통해 에너지를
얻는 집이거든.

엥?

마침 왕눈이
밥 먹을 시간인데
너희도 구경할래?

그, 그래.

그럼 따라와, 밖으로
나가야 하니까.

이건 우리 왕눈이가
특히나 좋아하는
동굴이끼를 말린 거야.

밥 먹는 집이라니…
엄청 특이하다~!

왕눈아,
맘마 먹자~!

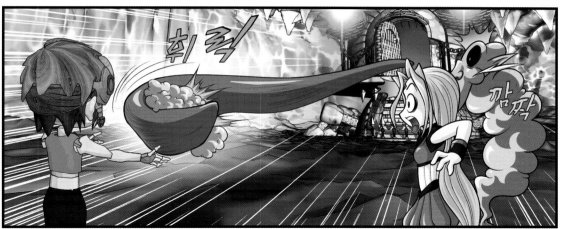

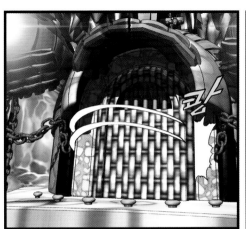

정문에 부착된 센서가
먹잇감의 냄새 분자를
*포착하면 혓바닥이
자동으로 튀어나와.

그럼 우리의
냄새 분자도…?

송맛사

포착하다 : 어떤 상황, 사실, 흐름들을 알아내다.
드디어 오빠의 속마음을 **포착**했어. 오빠 날 볼 때마다 눈물을 글썽이니까, 날 좋아하는 게 분명해.
아…, 너 몰랐구나? 나 여우 털 알레르기 있어. 네 옆에만 있으면 눈물, 콧물에 재채기까지… 에취!

 *73

그리고 바로 밑에서 먹잇감을 잘게 부수는 거지.

하마터면 우리도 저렇게…?!

잘게 부서진 먹잇감은 집 안의 1번 탱크로 옮겨져.

그러면 *염산과 *펩신에 의해 분해되어 2번 탱크로 이동하는 거야.

와~, 위장하고 똑같네?!

*염산 : 염화수소의 수용액. 순수한 것은 무색이고 강한 산성을 띰.
*펩신 : 척추동물의 위액 속에 있는 단백질 가수 분해 효소의 하나.

2번 탱크에서는 다양한 소화효소로 먹잇감 속의 탄수화물과 단백질을 분해해서 포도당으로 만들어.

이건 작은창자의 기능과 비슷하네?

이렇게 얻은 포도당은 수소와 이산화탄소로 분해되고, 수소를 연료전지에 넣으면 전지가 생산되어 왕눈이의 *동력원이 되는 거야.

*동력원 : 수력, 전력, 화력, 원자력, 풍력 따위와 같이 동력의 근원이 되는 에너지.

그럼 저기 3번 탱크는 무슨 일을 해?

으응…, 그건 포도당을 만들고 남은 찌꺼기를 모았다가 처리해.

어떻게 처리하는데? 그것도 구경시켜줘.

뭐 그다지 구경할 만한 건 아닌데…. 그럼 따라와 봐!

코메쌍

저의 장래 희망은 만화가였는데, 너무 힘들어서 포기하려고 했습니다. 하지만 그때 〈코믹 메이플스토리〉를 보고 새로운 희망이 생겼어요! 〈코믹 메이플스토리〉가 영원했으면 좋겠습니다. (박규선 | 충남 천안시 서북구)

뭐야, 다시 밖으로 나가야 해?

으응..., 3번 탱크의 배출구는 이쪽에 있거든.

어디?

요~ 밑에….

윽, 방귀 냄새!!

그러니까 3번 탱크는
큰창자랑 비슷한 거네….

배출구는
항문이고…!

그런 셈이지~!

혁, 저
물은…?!

저건 찌꺼기를
탈수하는 과정에서
생긴 거야.

먼저 들어가 있어.
나는 이것 좀 치우고
들어갈게.

이런 집은 정말 처음 봐! 누가 만든 거야?

내가 만든 거야! 하나부터 열까지 모두 내 솜씨지!

와~! 너 천재구나!

그러고 보니 우리 인사도 안 했네? 난 '피노' 라고 해.

나는 몽짜!

난 슈미!

피노야, 넌 정체가 뭐니?

몬스터? 로봇? 안드로이드?

나는 그냥 평범한 인형이야.

에이, 설마….

말은 저렇게 해도 아이큐 500쯤 되는 인공두뇌가 있을 거야, 그치?

아닌데…? 한 번 볼래?

〈다크 보텀〉의
주민들은 모두
나랑 똑같아.
두뇌 없이도
잘 살지.

근데 〈다크 보텀〉이
뭐야?

500년 전 우리 인형족은
노예반란을 일으켜
핑크빈 제국을
뒤흔들었어.

음…,
설명하자면
좀 긴데….

그 일로 제국의
지배층들은 공포에 빠졌지.
하지만 결국 반란은
진압되었고…,

패배한 인형족 노예들은
신전의 땅덩어리 *밑동인
〈다크 보텀〉으로 굴을 파고
숨게 되었어.

*밑동 : 물건의 밑부분.

그 이후 제국은
〈다크 보텀〉으로 여러 차례
*토벌군을 보냈지만….

*토벌군 : 반대하는 무리를 쳐서 없애려는 군대.

땅굴 속을 바람처럼 누비는 인형족들에게 번번이 당하고 말았지. 지금은 토벌을 거의 포기한 상태야.

쉽게 말해 〈다크 보텀〉은 신전 밑에 있는 반란군 *본거지란 거잖아.

*본거지 : 어떤 일을 하는 데 바탕으로 삼은 곳.

근데 너는 인형족이면서 〈다크 보텀〉에 안 살고 왜 여기 살아?

응, 그건….

〈시간의 신전〉이 낯선 행성에 강림할 때마다 우리 인형족도 그 행성에 내려와 몰래 굴을 파고 숨어 살아.

땅속에 묻혀 있는 석탄이나 철광석을 캐기 위해서야.

석탄이랑 철광석은 왜?

쇠를 녹여 우리 같은 인형족들을 많이 만들어내야 하니까. 겉보기에는 나무 인형처럼 보이지만 사실 우리 몸은 쇠로 되어 있어.

그럼 너 같은 인형족이 여기 많단 말이야?

물론이지! 동굴 깊숙한 곳에 가면 엄청난 수의 인형족이 있어.

그럼 **여기가 제2의 〈다크 보텀〉인 셈이네?**

응, 그래서 이곳도 〈다크 보텀〉이라고 불러.

근데 넌 왜 혼자 있어?

언제부턴가 공동생활이 답답해졌어. 결국 몰래 뛰쳐나와 독립했지.

지금은 행복해. 누구에게도 방해받지 않고 내가 좋아하는 과학을 실컷 연구할 수 있으니까….

피노는 과학을 진심으로 좋아하는구나.

그런데 너희는 어쩌다 여기 오게 된 거야?

얘기하자면 길어. 메이플월드에서 미용실을 하고 있는데 도도가 찾아와서….

아참! 도도를 잊고 있었네!

도도가 누군데?

여기에 함께 들어온 애야.

*포자 : 식물이 번식을 하려고 만드는 세포.

이상한 버섯 가루를 뒤집어쓰더니 보름달도 아닌데 늑대인간으로 변신해 버렸어.

〈야수버섯〉 *포자에 당했구나! 게다가 하필이면 늑대인간이라니….

*생태계 : 여러 생물이 서로 영향을 미치면서 사는 세계.

야수버섯? 그게 뭔데?

원래는 제국에서만 자라는 버섯이야.

인형족들이 여기 내려오면서 평소 살던 환경과 비슷하게 꾸민답시고 잔뜩 심어놨어. 내가 *생태계를 파괴하면 안 된다고 그렇게 말렸는데도….

*83

안됐지만, 도도라는 친구는 포기하는 수밖에 없겠다.

왜?

전에도 몇 번 늑대인간으로 변신한 적이 있지만 다시 정상으로 돌아왔어.

이번엔 달라. 야수버섯에 당한 늑대인간은 다시 인간으로 되돌아올 수 없어!

시대별 변화와 특징을 핵심개념 100가지로 쏙쏙쏙! 역사로드북 ① 선사 시대와 국가의 형성

도도, 늑대 되다!

다이어울프야.
늑대인간의
최종 변신 단계지!
이젠 정말
돌이킬 수 없….

아니라니까!
도도는 분명히 본모습으로
돌아올 거야!

흐음…, 늑대인간이
어떻게 탄생하는지
내가 설명해줄게.

그건 나도 알아.
늑대인간 라이칸 님이
도도에게 생명에너지를
나누어 주셨기 때문에….

뭐? 그건 특이한 경우인걸?
보통은 늑대인간에게
물리면서 강제로 에너지가
*주입돼서 늑대인간이
되는데….

*주입되다 : 흘러 들어가도록 부어져 넣어지다.

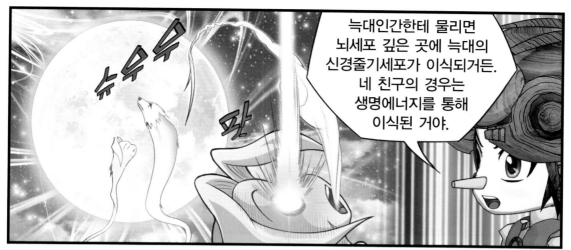

늑대인간한테 물리면
뇌세포 깊은 곳에 늑대의
신경줄기세포가 이식되거든.
네 친구의 경우는
생명에너지를 통해
이식된 거야.

*인력 : 떨어져 있는 두 물체가 서로 끌어당기는 힘.

어쨌든 변신은
보름달이 뜬 밤에
이루어졌다는 거지?

응!

그때 달의 *인력이
가장 강해지기 때문이야.
달의 인력이 늑대의
신경줄기세포를 자극하면
야수의 본능이 뇌를
지배하면서 이성이
마비되고…

*부신 : 좌우 콩팥 위에 있는 생명유지에 중요한 내분비샘.

동시에 *부신에서 다량의
스테로이드 호르몬이
분비되어 근육과 피부가
변형되기 시작해.

책을 그다지 좋아하지 않는 승훈이가 〈코믹 메이플스토리〉는 참 좋아합니다.
이 재미있는 책을 읽다 보면 다른 책도 좋아하지 않을까 하고 기대해 봅니다.^^
(이승훈 어린이 어머니 | 인천광역시 계양구 작전2동)

그렇게 해서 늑대인간으로 변신하는 거지.

어쨌든 보름달이 지면 다시 돌아오는 거잖아?

야수버섯만 아니었다면 그랬을 거야.

야수버섯의 포자는 특수한 바이러스성 단백질로 이루어져 있어. 코를 통해 뇌 속으로 들어간 포자는 기생생물처럼 자리를 잡고, 강력한 흥분물질을 분비 시켜서 야수처럼 사나워지게 만들지.

네 친구는 뇌 속에 이미 늑대세포가 자리 잡고 있는 상태에서 야수버섯 포자까지 *가세했으니….

그래서? 그럼 더 나쁜 거야?

순식간에 변신의 끝을 향해 치달린 거야. 쉽게 말해 늑대인간의 단계를 벗어나…

송맛사

가세하다 : 힘을 보태거나 거들다.

천하제일검 도도에 금강펀치 아루루가 **가세하면** 세계 최강의 격투기팀이 되겠지? 좋아! 격투기 대회에 참가 신청서를 내야겠어!   선생님, 도도는 늑대인간이라 동물원에 갔고요, 아루루는 눈병 나서 안과 갔어요.

진짜 늑대가
되어버린 거지!

정신 차려,
슈미야!

슈미야, 말 좀
해봐! 두 시간
넘게 한마디도
안 했잖아.

얘가 원래는
엄청 수다스러운
앤데…,

충격을 받아서
그런가?

나…
결심했어.

도도한테 물려서
나도 늑대인간이
되기로!

그게 무슨
소리야?

도도란 애는
지금 늑대가
되었다니까!

널 만나자마자
인정사정없이
공격할 거라고!

물릴 수만 있으면
상관없어!!

늑대인간이 되면 도도랑
다시 친구가 될 수 있을 거야.
그러니까 말리지 마!

늑대인간한테 물렸던 게
아니라면… 위험하긴
하지만 방법이 있어.

무슨 방법?

일단 네 친구부터 잡아온 다음에 얘기해 줄게!

여기가 왕눈이의 조종실이야?

응….

뭐가 이렇게 복잡해?

만지면 안 돼! 내가 모르는 장치도 많단 말이야.

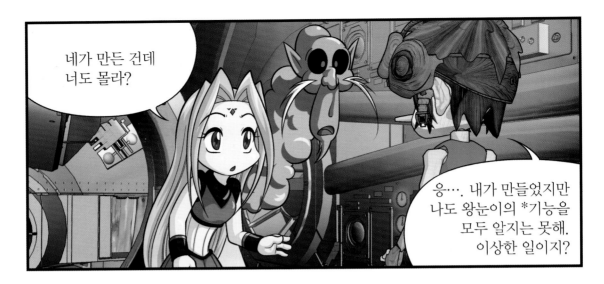

네가 만든 건데
너도 몰라?

응…. 내가 만들었지만
나도 왕눈이의 *기능을
모두 알지는 못해.
이상한 일이지?

슈미야, 피노
쟤야말로 이상하지
않아? 뇌도 없는데
움직이고 말이야.

혹시 마법사가
숨어서 조종하는 것
아닐까?

마법이라면
내가 알아차렸겠지~.

출발—!

위이잉

끼릴 떡

기능 : 하는 구실이나 노릇. 또는 맡아서 하는 일.

서비스센터죠? 제 컴퓨터에 뭔가 숨겨진 기능은 없을까요? 예를 들어, 4차원 세계의 문을 연다든가….

컴퓨터를 번쩍 집어 들고 동네 한 바퀴나 뛰세요. 체력 단련 기능입니다.

송맛사

슈미야, 준비해!

정말 괜찮을까?

걱정하지 마.

너희는 어디에
있을 건데?

늑대가 나타나면
이쪽으로
*유인해야 돼,
알았지?

도도가
정말 올까…?

유인하다 : 흥미나 주의를 끌어 남을 꾀어내다.
핑크빈을 황궁까지 유인해 올 수 있을까? 뭐 하려고요?
분홍콩 볶아 먹으려고…. 핑크! 분홍색. 빈! 콩이잖아~. 으하하핫~! 내 유머 어때? 얼어붙네요.

*95

도도?

너 도도 맞지?

슈미야, 뭐 하는 거야!
어서 이쪽으로 유인해!
위험하단 말이야!

나 모르겠어?
네 친구 슈미야!

봐도 봐도 질리지 않는 〈코믹 메이플스토리〉! 처음 〈코믹 메이플스토리〉를 봤을 때부터
저는 도도, 아루루, 에아, 바우처럼 모험을 하면서 몬스터들과 싸우는 상상에 빠져들었어요.^^
(서현정 | 서울 강동구 둔촌1동)

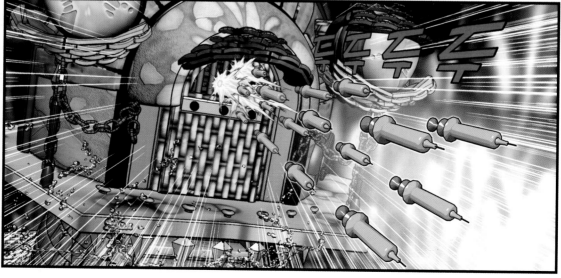

좋~아,
스테로이드 *중화제
투입 성공!

크앙~

 송맛사

중화 : 성질이 다른 것이 섞여서 본래 성질을 잃거나 중간 성질을 띠게 되는 것.
으아아~, 황사가 몰려온대요! 전 황사는 질색이란 말예요. 황사가 꼭 나쁜 것만은 아니야. 산성화된
토양에 황사가 쌓이면 중화반응이 일어나 흙이 깨끗해지지. 이 세상에 무조건 나쁘기만 한 것은 없단다.

이러다 왕눈이 부숴지겠어! 피노, 어떻게 좀 해봐!

아! 비장의 무기가 있어!

독액 발사!!

좌악

커헉

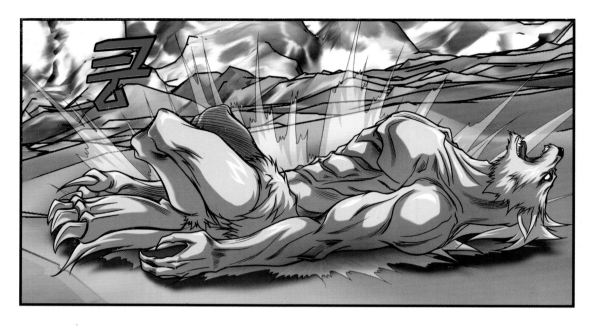

주, 죽은 거야?

아냐….

도도가 원래대로
돌아왔어!

이건 일시적인 현상이야.
약물을 투입해서 스테로이드
호르몬을 중화시켰거든.

일시적…?
그럼 약 기운이
떨어지면 다시
늑대가 되는 거야?

일단 들어가자,
설명해 줄게.

이걸 도도에게…?

응, 약물전달용
칩이야.

 코메장 아버지께서도 재미있어하시며 두 달에 한 번씩 매번 〈코믹 메이플스토리〉를 사오십니다.
저의 아버지 정말 최고죠~?^^ (서종민 | 경기 고양시 성사동)

칩에서 공급되는 약물이 버섯 포자의 흥분물질 분비를 막고, 부신의 스테로이드 호르몬을 중화시킬 거야.

다행히 도도는 생명에너지를 통해 늑대 신경줄기세포가 이식된 거라, 이 칩만 몸에 넣으면 다시는 늑대로 변하지 않아.

그럼 늑대로 변하지 않는 거야?

그럼 이식 수술을 해야 하는 거네…?

응, 내가 의사도 아니고 여기가 병원도 아니지만… 수술만큼은 자신 있어.

어떻게 할지 슈미 네가 결정해.

조금 있으면 호르몬이 다시 분비되면서 변신이 시작될 거야. 서둘러야 해!

피노, 정말 자신 있지?

응!

좋아, 그럼 너한테 맡길게.

피노 네 손에 도도와 나, 우리 두 사람의 생명이 달려 있는 거야!

건방진 것,
일을 시켰으면 빨리빨리
보고를 해야 할 것 아냐!!

눈물이 쏙 빠지게
혼내줘야지!

몬스터 대여

뭐야?! 지금
우는 거야?

말도 마세요, 저 완전 *박살났어요! 이제 망했다고요~!

엥?

*박살 : 깨어져 산산이 부서짐.

거참-! 생각할수록 짜증나네!

다크엘프가 그렇게 세?

다크엘프 근처에는 가보지도 못했어요! 그 밑의 부하 녀석한테 당한 거라고요.

다크엘프는
뭐 하고?

아무 일 없다는듯
점잖게 똥만
싸더라고요.

오줌도 아닌 똥을…!!
감히 제국을
뭘로 보고!!

수호대장,
거기 있느냐—!

부르셨습니까,
대신관님!

손봐줘야 할 녀석이 생겼으니 당장 출동 준비를 하거라!

병력은 얼마나…?

흐음…, 소문나면 골치 아프니까 단둘이 간다!

그리고 넌 앞장서서 안내하거라.

넵!! 원수를 꼭 갚아주세요!

이동수단은 뭘로…?

건쉽을 띄워라! 한번에 끝내버릴 테니!!

바로 준비 하겠습니다!

아싸~, 너흰 오늘 끝이야!

가자!

잠깐만요, 신탁을 받으셔야죠.

전투에 나가기 전, 신탁을 받는 것은 제국의 오랜 전통 이잖아요.

쳇, 그깟 꼬맹이들 처리하는데 신탁까지 필요해?

절대 만만한 놈들이 아니라니까요.

여신님께 여쭙나이다. 이번 전투의 길흉이 어떠하겠습니까…!

이게 무슨 냄새냐?

똥… 냄새 같은데요…?

너 방귀 뀌었냐?

나참!! 똥꼬가 없는데 방귀를 어떻게 뀌어요?!

그럼 어디서 똥 푸나?

어쨌든 신탁이 없는 걸 보니, 알아서 하라는 말씀 같다.

다크엘프를 잡으러 출발!!

넵!

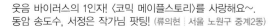
웃음 바이러스의 1인자! 〈코믹 메이플스토리〉를 사랑해요~.
동암 송도수, 서정은 작가님 팟팅! (류의현 | 서울 노원구 중계2동)

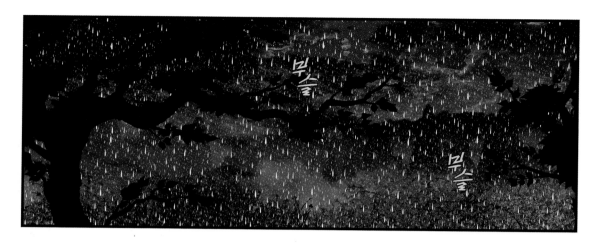

가뜩이나 힘든데
비까지 오네?
그냥 동굴에 있었으면
좋았을 텐데…

아니지, 위치가 노출된
이상, 놈들이 몰려오는 건
시간 문제야.

근데 누난
안 힘들어요?

왜 힘들어?

비 맞으니까요….

비가 무겁나?
맞으면 힘들어?

그건 아니지만…, 비 맞으면 춥잖아요. 감기도 걸리고.

감기? 나 그거 한 번도 안 걸려봤는데~. 그거 걸리면 기분이 어때? 코에서 물 같은 게 나온다며?

변비가 있어서 문제지…, 누난 정말 건강하네요.

쿵

까먹고 있었는데 그 얘긴 왜 해?!

미, 미안해요, 누나….

똥 누고 올 테니까 기다려! 나올지 모르겠지만….

뿡 뿡

끄응~

저렇게 무례하고 야만적일 수가…!!
*현자님께선 여행에서 언제 돌아오시지?

내일입니다, 골든 스네이크 님!

그렇다면 현자님이 오실 때까지 우리 스스로 숲을 지켜야 한다!!

*현자 : 성품이 어질고 사리에 밝은 사람.

형제들에게 침입자의 출현을 알려라!

푸드득

*표석 : 어떤 것을 표지하기 위해 세우는 돌.

쏴아—

이 숲은… 느낌이 이상해.

사악한 느낌이야?

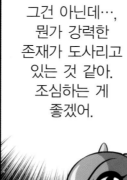

그건 아닌데…, 뭔가 강력한 존재가 도사리고 있는 것 같아. 조심하는 게 좋겠어.

감히 숲의 신성한 *표석 위에서 똥을 눠? 하늘의 저주가 있을 것이다!

코메장 저는 〈코믹 메이플스토리〉를 너무 사랑해서 게임도 하게 되었어요. 근데 얼마 전에
〈코믹 메이플스토리〉 30권을 잃어버렸어요.ㅠㅠ 하루 종일 찾았는데도 안 보이네요~. 흑!
(김용현 | 울산광역시 북구 상안동)

몸이 찌르르~
한 게 잘 쌀 수
있을 것 같아!

괘씸한~!!
더 이상은
못 참는다!

 위의 빈 말칸에 깜짝 놀랐나요? 앞뒤의 내용을 읽고 상상력을
상상따 발휘해 송도수 작가님이 쓰신 대사를 맞혀보세요!
송도수 작가님 대사는 121쪽에 있어요!

악화되다 : 형편, 성질, 관계 등이 나빠지다.

송맛사 감기에 걸려서 병원에 갔더니 의사 선생님께서 나보고 너무 늦게 왔다고…. 헉, 그렇게 악화된 거예요? 아니, 벌써 다 나아 버렸대.

그렇다면 남은 방법은
전기충격뿐이야…!!

숙희야,
방금 봤어…?

어떡해…
뱀이 많이 아파.

응~가!

누나, 이건 세상 모든 뱀의 왕이라는 골든 스네이크예요!

천년을 묵으면 드래곤이 된다는 말도 있어.

얘가 그렇게 대단하단 말이야?!

대단한 뱀아, 죽으면 안 돼-!

죽으면 안 된다는 거 진심이겠지…?

글쎄….

주말에 일찍부터 일어나 책을 읽거나 친구들에게 책을 빌려와서 읽을 정도로
예준이가 〈코믹 메이플스토리〉를 좋아합니다. 그런 책이니만큼 더욱 건강한 책으로
거듭나길 바랍니다.^^ (김예준 어린이 어머니 | 서울 송파구 오금동)

제발 저 좀 구해주세요…!

미안하지만 그건 힘들 것 같아. 바우 누나는 원래 누구 말도 안 듣거든!

하아

근데 이분은 왜 이렇게 힘이 세요?

원래 태어날 때부터 힘이 센 데다가, 최근에 다크엘프가 되면서 더 세졌어.

이분한텐 마법도 안 통하는 것 같던데요?

그게… 워낙 머리가 가을하늘처럼 텅~ 비어 있어서 그래.

어떻게 설득할 방법이 없을까요?

미안하다. 네게 도움을 못 줘서….

음냐~ 뱀아~!

아함,
잘 잤다!

누나, 뱀은 이제
그만 놓아주세요.

안 돼, 내 손으로
꼭 고쳐줄 거라니까!

제 꿈은 태권도 선수인데 재미있는 〈코믹 메이플스토리〉를 보다가 꿈이 만화가로
바뀔 뻔했어요. 〈코믹 메이플스토리〉 파이팅! (김종민 | 서울 강남구 역삼2동)

*125

 〈코믹 메이플스토리〉 그리기 비법 대공개!! 만화그림책 비법대전 1 (워크북 포함)

나무가
*시야를 가려서
보이질 않습니다.

*시야 : 시력이 미치는 범위.

*고엽제를
뿌려라!

*고엽제 : 식물의 잎을 인위적으로 떨어뜨리는 약제를 통틀어 이르는 말.

다른 책을 살 때는 가끔 돈이 아까울 때가 있는데요~.^^; 〈코믹 메이플스토리〉를
살 때는 돈이 전혀 아깝지 않고 오히려 부자가 된 기분이에요~!
(박찬민 | 강원 태백시 상장동)

 이 세상에 짝수달만 있다면 얼마나 좋을까요~?
재미있는 〈코믹 메이플스토리〉 앞으로도 계속 파이팅!!^^ (최재영 ㅣ 부산광역시 동래구 사직동)

찾았다!
저기요, 저기!!

오호, 저 녀석들이란
말이지?

네! 아주
혼쭐을 내주세요!!

좋아! 그럼
시작해볼까~?

잠깐!
여기 세워 봐!!

누가 다크엘프지?
얼굴도 못 보고 없애긴
아까워서 말이야….

나다,
왜?!

우릴 괴롭히는
이유가 뭐야?

이, 이유가
뭐였더라…
너 혹시 알아?

저는 그냥
대신관님이
시키셔서….

분명히 이유가
있을 텐데… 도통
생각이 안 나네.

이유야 어쨌든!! 너흰 오늘 내 손에 없어지게 될 거야!

우릴 없애?

쳇, 내 변비나 없애주지….

마침 내가 틀니도 새로 했거든~?

너희는 특별히 내 강철틀니로 꼭꼭 씹어 없애주마!!

어이구~, 내 박치기 한방이면 그 틀니를 또 갈아치워야 할 텐데…. 아까워서 어쩌나~.

모르는 소리! 우리 행성의 강철은 절대 안 부숴진다!!

코메짱 누군가 저에게 1년 중 제일 좋아하는 날 3일을 꼽으라고 한다면, '제 생일, 크리스마스, 그리고 〈코믹 메이플스토리〉가 나오는 짝수달 20일이랍니다.' 라고 대답할 거예요!^^
(최민성 | 울산광역시 북구 달천동)

·135

저기요, 전 죽기 싫어요! 제발 좀 놔 주세요!!

네가 죽긴 왜 죽어! 넌 내가 꼭 살릴 거야!

전 멀쩡해요! 벌써 다 나았다고요! 그러니까 빨리 놔주세요, 빨리요!!

어머나, 애 부들부들 떠는 것 좀 봐. 상태가 더 안 좋아졌네~.

내가 변비만 아니었어도 네게 좀 더 신경써 줬을 텐데…. 뱀아, 미안해~.

재들 지금 뭐 하는 거냐?

누나~ 그냥 놔주세요~! 싫다잖아요!

글쎄요…. 근데 무지~ 시끄럽네요.

좋아요, 그럼 제가 변비를 해결해 드릴 테니 절 놓아 주세요!!

변비만 해결해 준다면 무엇이든~!♥

저건 또 뭔 짓이야…?

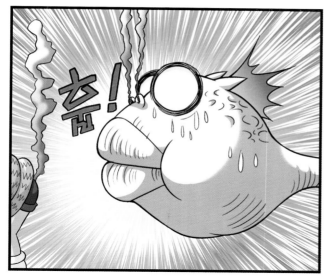

바, 방귀를…!!

너무 상쾌해~!
이젠 편안한 마음으로
볼일을 맘껏
볼 수 있겠어!

너무 고통스러워.
속은 메스껍고
머리는 어지러워…

대신관님!! 제발 입은
좀 다물어 주세요!
똥 냄새가 진동을
한다고요!!

일단… 건쉽으로… 돌아가자… 어서…!!

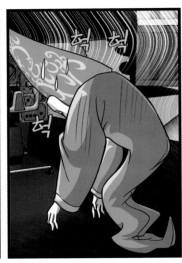

근데 이 느낌은…!!

무슨 느낌인데요?

똥 마려워…!

예?! 정령이신 대신관님께서 똥이 마렵다니요…!

나도 몰라!! 어쨌든 신호가 온단 말이야!! 배, 배가…!!

진정하세요! 소릴 지르면… 아랫배에 힘이 들어가서… 상태가 더….

허락 : 요구하거나 부탁하는 것을 들어주는 것.

선생님의 제자가 되어 만화 스토리 쓰는 법을 배우겠습니다. 부디 저를 제자로 허락해주세요!

바우야…, 한글부터 배우라고 내가 몇 번을 말했니!

어서
도망쳐요!

지들이 도망쳐봤자지~! 이 독가스탄
한방이면 사방 100km 이내 모든…
생물은… 바로… 끝장이다…!
아우~ 배야….

넌 발사
안 하고 뭐 해?
급하다니깐!!

저, 저기….

이게 대체 무슨 일이냐?

새의 배설물이 건쉽을 뒤덮었습니다! 배설물로 인해 예민한 전자 장비들이 영향을…!!

됐고, 빨리 독가스탄이나 쏴!!

그건 위험합니다! 잘못 작동시켰다간 안에서 폭발 할 수도 있어요!!

으…

그냥… 돌아가서… 똥이나 누시는 게 좋을 것 같아요.

이 원수는… 꼭… 갚아주마!

물리쳤다-!

새들아, 고마워-!

저희를 보내신 분은 숲의 현자님이시니 감사는 그분께 하세요.

저는 아직 〈코믹 메이플스토리〉를 읽어보지는 못했지만, 우리 용준이가 정말 좋아하기에 엽서까지 보내게 되었네요.^^ 계속 아이들이 재미있게 볼 수 있는 좋은 책을 만들어 주시길 부탁드려요. (박용준 어린이 어머니 | 전북 부안군 부안읍)

숲의 현자님
이십니다.
인사드리세요!

이 스컹크가 숲의
현자님이라고…?

바우야···.

할머니다!

되게 웃기는
스컹크네~!
네가 어딜 봐서
우리 할머니라는
거야?

〈코믹 메이플스토리〉 덕분에 저희 사촌이 함께 웃고, 같이 이야기를
나눌 수 있었어요. 작가님들~ 감사합니다. ^^ (이상훈, 송병림 | 경북 영주시 휴천1동)

이 냄새는… 엘프왕국에 있을 때 아침마다 내 단잠을 깨웠던…!!

바우야, 일어나야지~ 알람방귀다!

뿌웅~

님!

할머니--!!

울먹 울먹

주룩 주룩

바우야--!

현자님, 간식 드실 시간…!

*적수 : 실력이 비슷해서 맞설 만한 상대.

결투 끝에 치명적인 부상을 입고 영혼만 간신히 도망칠 수 있었단다.

메이플월드를 헤매다 지쳤던 나는 마침 눈에 띈 스컹크의 몸에 들어가게 되었지.

그래서 스컹크가 되신 거예요?

응, 근데 살다 보니까 내 체질에 딱 맞지 뭐냐?

좋은 친구들도 이렇게 많이 사귀었고….

무엇보다도 난 이 숲이 좋다. 날 살리고 치료하고 보듬어준 이 고마운 숲이….

저도 이 숲이 마음에 쏙~ 들어요. 공기도 좋고, 나무도 좋고…,

흙도 좋고…. 아! 향기로운 흙냄새나 맡아볼까~?

안 돼요!!

현자님, 드릴 말씀이 있습니다.

걱정 마라. 이미 *눈치 채고 있었다.

바우야, 입을 크게 벌려보렴.

왜요, 맛있는 간식이라도 넣어 주시려고요?

눈치 : 남의 마음이나 일이 벌어지는 형편을 재빨리 알아차리는 힘.
델리코, 내 고민 좀 들어줘. 애들이 나보고 자꾸 눈치 없다고 놀려.
누나! 저 똥 누는 것 안 보여요? 누나는 왜 그렇게 눈치가 없어요?

*151

후유,
힘들구나.

이게 뭐죠?

다크노움의 독이다.
〈베놈 코어〉라고 불리는
독의 *정수지.

*정수 : 사물의 중심이 되는 것.

갑자기 왜 이러지?
어지러워….

그럴 수밖에!
저것의 절반은
바우 네 생명력
이니까!

그럼
바우 누나의
생명력을
먹고 저만큼
큰….

엇, 베놈
코어가…!

놓치면 안 돼!

땅속은 그것의
고향이다! 들어가면
영원히 못 잡아!

 저는 평생 이렇게 재미있는 책은 처음 봐요~. 그래서 저는 세상에서 서정은 작가님과 동암 송도수 작가님을 제일 존경한답니다. (조경준 | 서울 강북구 수유3동)

아무래도 황태자 전하께서… *쿠데타를 결심하신 것 같아요!

쿠데타?

신존부를 무너뜨리려는 거예요.

*쿠데타 : 힘으로 나라를 다스리는 권력을 빼앗는 것.

그게 가능해?

웬수님께서 말려 주세요‼ 그건 성공 확률이 1%도 안 되는 위험한 일이라고요!

혼테일이 왜 그런 짓을…?

그 깊은 뜻은 알 수 없지만, 전하께서 언제 그런 결심을 하셨는지는 알 것 같아요.

지난번에 웬수님이 핑크빈 님의 밀궁에서 놀고 오셨잖아요.

응….

·157

그날 제 보고를 들으시고 전하의 눈빛이 달라지는 걸 느꼈어요.

뭘 보고했는데?

핑크빈 님이 현실계의 생물체가 아니라, 영체인 것 같다고요.

응?

핑크빈 님이 뿜어내는 에너지를 *탐지한 결과, 생체 에너지가 아니라 영체 에너지라는 것을 알았어요.

영체가 뭐야?

영혼이 현실계에 모습을 나타내기 위해 사용하는 수단인데요…,

*탐지하다 : 드러나지 않은 사실이나 물건 등을 은근히 찾아내거나 알아내다.

영혼 주변에 원소들을 모아 붙여 형상을 만든 거예요. 모양과 크기는 자유롭게 변화시킬 수 있지만 보통의 몸처럼 단단하지 않으니까 현실의 여러 자극엔 *취약하죠.

파앗

그래서 밀궁이라는 결계 안에만 머물고 좀처럼 밖으로 나오지 않았었나 봐요.

감탄할 게 아니에요! 제 생각이 맞다면 핑크빈 님의 정체는 시간의 여신 륀느 님과 연결된…, 륀느 님의 일부일지도 모른다고요!

깜짝

영혼의 힘만으로 육체를 만들고 유지할 수 있다니, 정말 대단한걸~!

와~

송맛사

취약하다 : 모자라거나 약하다.
도도, 너는 다 잘생겼는데 딱 한 군데 취약한 곳이….
또 눈이라고 말하면 나도 가만 안 있을 거야! 아이(eye)야.

*159

쿠데타를 일으킬
거란 게 진짜예요?
실패하면 어쩌려고요!

그렇게 내가
걱정되나?

그, 그게
무슨 말…?

날 걱정하는 게
아니라면 왜
쿠데타에 신경
쓰는 거지?

그야…, 쿠데타는 많은
희생을 부르게 되니까
그런 거죠!

게다가 지금
상황에선 계란으로
바위치기랑
마찬가지잖아요!

전하, 포르겟 가문의 옵 대신관이 뵙기를 청하옵니다.

전하, 옵 대신관은 속을 알 수 없는 음흉한 자입니다. 그를 멀리하셔야…

계란으로 바위를 치면 어떻게 될까?

그걸 몰라서 물어요? 당연히 계란이 깨지죠!

맞아, 바위가 깨지길 바란다면… 그건 터무니없는 착각이겠지. 하지만 바위에 계란의 흔적 정도는 남길 수 있을 거다.

로비… 저 말…,

무슨 뜻이야?

내 아버지는…
떠돌이 마룡이셨소.

도둑시리즈
★4탄★

영어가
쉽고
즐거워지는
효과만점
영어학습만화!

영어도둑 3

워크북
+
MP3파일
+
스토리카드

영어도둑

그런데 우연히 이 제국의
황녀와 사랑에 빠져…
제위에 오르시고
나를 낳으셨지.

그 후 신존부를
뒤엎고 황실의
권위를 세우시려던
아버지는…

결국 *의문의
죽임을 당하셨소.

송맛사

의문 : 궁금하거나 의심스러운 것.
🙂 선생님, 의문이 있어요. 🙂 뭐냐?
🙂 저는 왜 의문이 없을까요? 🙂 바우의 철학이 날로 깊어지는구나.

어머니 역시 *실의에 빠져
곧 세상을 뜨셨지.

*실의 : 뜻이나 의욕을 잃음.

내일 새벽, 나는
신존부를 칠 것이오!

다행이다⋯.
영혼철에 맞은
팔 다리가
다시 움직여!

그런데 이상해⋯.
영혼철은 주인의
마음을 담고 있다고
했는데⋯.
설마 카이린이 날
보호했단⋯?

아냐. 그럴 리가 없지.
일단 미치광이 황태자로
부터 벗어나는 것만
생각하자!

어딜 가려고?
하마터면 엇갈릴
뻔했네~!

날 죽이러
온 건가?

*교활하다 : 못된 짓을 안 들키고 잘하거나 나쁜 꾀가 많다.

그래! 이번에야말로
네 *교활한 마법에
속아 추락한
내 명예와 자존심을
반드시 회복하겠어!

내 〈싱크로아이〉는
마법이 아니야!

닥쳐!

 〈코믹 메이플스토리〉는요~, 정말 안 보면 후회한다는 말이 딱 맞는~
아주 재미있고 소중한 책이에요! (황인경 | 대전광역시 유성구 어은동)

어차피 죽을
사람의 말 따위,
난 관심 없어.

싸늘

좋아, 그렇다면
마지막으로 나와
*내기를 하는 건 어때?

내기?

내가 만약 널 이기면,
내 부탁 한 가지를
무조건 들어주기로…

좋아, 마지막 가는 길에
그 정도 소원쯤이야…
못 들어줄 것도 없지.

자신만만이군.
하지만 이제 난 네 총탄
몇 방쯤은 얼마든지
피할 수 있어!

그럼 시작해볼까?

송맛사

내기 : 무엇인가를 주고받기로 하고 이기느냐 지느냐를 겨루는 일.
돈을 걸고 내기를 하는 것은 나쁜 습관이다. 하지만 재미있잖아요. 다들 내기를 좋아한다고요.
천만에! 내기를 싫어하는 사람도 많아. 나랑 내기할까? 천 원 걸겠어!

영혼철의
총탄이여–!

카이린이 *탄도를
조종하고 있어!!

*탄도 : 발사된 탄알이나 미사일이 목표에 이르기까지 그리는 선.

피할 수 없을 만큼
많은 총탄이야!

어쩌지…
그렇다면!!

팟!

보인다!!

파
앗

코메짱 〈코믹 메이플스토리〉 새 책이 나오면 빨리 보고 싶어 해서, 제가 서점에 들러
책을 사다주는데 아이가 정말 좋아해요. 책 내용에 아주아주 만족합니다.^^
앞으로도 계속 나왔으면 좋겠어요. (전진우 어린이 어머니 | 충북 충주시 교현1동)

*173

검의 부딪치는 소리
만으로 영혼 탄환이
모두 파괴됐어!!

너의 탄도 조종과
십자포화 공격은
완벽한 공격이었어.

이 검이 내 손에
들어오지 않았다면
난 내기에서
졌을 거야.

대체 그 검이
뭐길래….

〈소울 슬레이어〉!
영혼을 베는 검이다.
그래서 네 영혼 탄환을
검의 음파만으로도
압도할 수 있었지.

이제 네 공격은
더이상 내게
통하지 않아.

어때, 내가
이긴 거지?

그래⋯.
내가 졌어.

오늘의 내기를
잊지 마. 때가 되면
널 찾아갈 테니까.

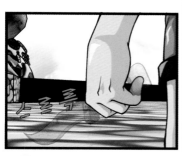

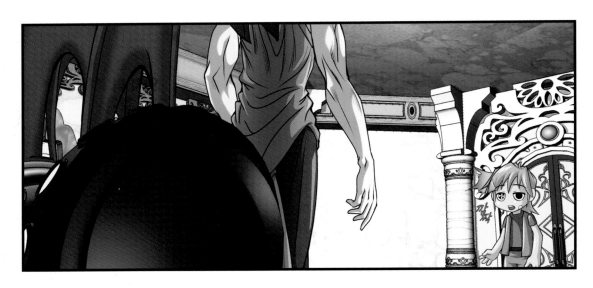

도망친 것
아니었나?

기다려라.
오래 걸리진
않을 거다.

45권
재미짱

1위 델리코가 〈꽃보다 남자〉 스킬로 릴리노흐를 물리친 것.

주문은 충분히
연습했겠지?

…

 •179

지금 떠나라!

그게…, 로비하고 *상의를 했는데…, 여기에 좀 더 머물기로 했어요. 그 위험한 계획을 막으려….

*상의 : 어떤 일을 서로 의논하는 것.

이게 무슨 짓이에요!!

사라져!

로비, 봤지? 나는 노력할 만큼 했어! 그러니까 앞으로 나한테 뭐라고 하지 마!!

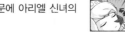

45권 재미짱 **3위** 슈미의 〈해초 필링〉 때문에 아리엘 신녀의 얼굴이 엉망이 된 것.

파팟

주카, 이제
정말 너와
이별이구나….

두두둥~

그동안 끌려 다니면서
고생도 *지긋지긋하게
많이 했는데….

막상 떠나려니
왜 이렇게 마음이
무너지는 것처럼
아플까….

지긋지긋하다 : 생각하기도 싫을 만큼 몹시 지겹고 괴로운 모양.

주카, 우리 헤어지자. 이제 너랑 사귀는 것도 지긋지긋해.

우리가 언제 사귀었나요? 아, 그런가? 그럼 우선 사귀는 것부터 시작하자.

주카….

그럼 그렇지. 역시 날 쉽게 보내지는 못할….

마지막으로 한 번만 웃어줘.

웃어달라고? 내가 이 사람 앞에서… 단 한 번도 웃은 적이 없었나?

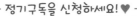

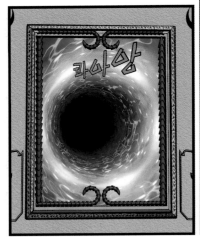

이제
출발이다!

설마···.

맞아,
2인의 전쟁!

미친 게
틀림없군.

하지만…
왠지 마음에 들어!

여름을 기다리는 가장 큰 이유는 방학(휴가)이겠죠? 제가 여름을 기다리는 이유는 여름에 나는 각종 과일들 때문이랍니다. 요즘은 사시사철 여름과일을 먹을 수 있지만, 제철에 먹는 과일의 맛과는 비교할 수 없어요! 참외, 수박, 포도, 복숭아…. 빛도 맛도 고운 과일들이 기다려집니다! (편집부 뽈록화니)

믿었던 옵 대신관이 배신을…?!　　코믹 메이플스토리 ㊼권을 기대해 주세요!

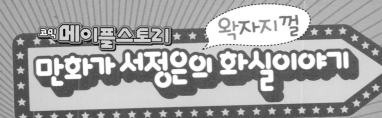

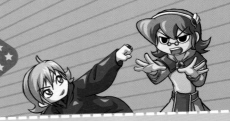

그거 재밌나?

그거 뭐야?

두더지잡기 게임이요~!

에이~, 진짜 살아있는 걸 잡아야 재밌지.

그런 게임이 뭐가 재밌어~!

자, 파리채 줄 테니까 이걸로 생생한 파리잡기 게임이나 해봐.

아싸~!! 나 지금 10연승이야!! 한 번도 안 죽었다고!!

이거 재밌다!

어머, 그거 제 핸드폰 아니에요?! 잃어버린 줄 알고 엄청 찾았는데….

아침

선생님, 제 핸드폰… 언제 주실 거예요?

점심

선생님, 저 이제 퇴근할 시간인데… 핸드폰 좀….

저녁

안 돼! 퇴근하지 마!! 조금만 더 하면 신기록이란 말이야!

코메 소식통

〈코메소식통〉은 〈코믹 메이플스토리〉를 사랑하는
아들이 함께 만들어 가는 공간입니다. 애독자엽서와 〈서울문화사 아동기획팀〉 카페
〈http://cafe.naver.com/ismgadong〉를 통해 많이 많이 참여해 주세요~!!

1 코메가 간식 쏜다!

45권
당선작

간식을 받고 싶은 사연을 엽서에 적어 보내주시면
즐거운 자리에 코메가 간식을 보내드립니다. 반 친구들과 함께
기쁨을 나누고 싶다면 학교로, 가족과 함께 즐기고 싶다면 집으로
간식을 보내드려요. 또한 간식을 받은 후 기념 촬영한 사진을
편집부로 보내주시면 문화상품권(2만원)을 추가로 보내드립니다.

산골 오지 마을의 궁류초등학교 학생들과 유치
모두가 맛있는 간식을 즐겁게 나눠 먹었습니
〈코믹 메이플스토리〉 언제나 응원하겠습니다. ㅍ
오은주 선생님 (경남 진주시 금산면)

- ★ **응모방법** : 애독자엽서
- ★ **응모기간** : 2011년 6월 20일 ~ 2011년 7월 20일
- ★ **발표** : 2011년 8월 1일 개별 통보 후 〈서울문화사 아동기획팀〉 카페 공지
- ★ **선물** : 10만원 상당의 간식(1명)
- ★ **배송일** : 2011년 8월 10일까지

2 코메 보고 상상하자!

46권
상상장면

여러분의 상상력을 펼쳐 오른쪽 말칸에 대사를 넣어보세요.

- ★ **응모방법** : 〈서울문화사 아동기획팀〉 카페(http://cafe.naver.com/ismgadong)
- ★ **응모기간** : 2011년 6월 20일 ~ 2011년 7월 20일
- ★ **발표** : 2011년 8월 1일 〈서울문화사 아동기획팀〉 카페 공지 후 개별 통보
- ★ **선물** : 기발상 | 문화상품권 3만원(1명), 재치상 | 문화상품권 1만원(2명)
- ★ **배송일** : 2011년 8월 10일까지

45권
당선작

나 어떻게 해, 숙희야….
너 업고 다니는 보자기를
잃어버렸어. 이제
걸어 다녀야겠어.

기발상 | 김동헌 경북 청도군 화양읍

http://cafe.naver.com/ismgadong

당선자 발표 확인과 〈코메소식통〉 참여는 〈서울문화사 아동기획팀〉 공식카페에서 하세요~!

3 코메 따라잡기! NEW

〈코믹 메이플스토리〉 주인공들의 의상이나 표정, 동작 등을 자유롭게
따라해보고 사진을 찍어 설명과 함께 〈서울문화사 아동기획팀〉
카페에 올려 주세요. 5명을 선정하여 선물을 드립니다.

1등 | 보름달 mikiii2
http://cafe.naver.com/ismgadong/6601

★ 응모방법: 〈서울문화사 아동기획팀〉 카페(http://cafe.naver.com/ismgadong)
★ 응모기간: 2011년 6월 20일 ~ 2011년 7월 20일 ★ 배송일: 2011년 8월 10일까지
★ 발표: 2011년 8월 1일 〈서울문화사 아동기획팀〉 카페 공지 후 개별 통보
★ 선물: 1등 | 문화상품권 5만원(1명), 2등 | 문화상품권 3만원(1명), 3등 | 문화상품권 1만원(3명)

4 코메한테 고민을 털어놔!

어린이 청소년 클리닉
〈행복한아이연구소〉
서천석 원장님께서 여러분의
고민을 해결해드립니다.

Q 45권 고민 사연 (신주연(가명), 중 1)

저는 요즘 외로워요. 학교에선 친구들이 절 더러운 쓰레기로 취급하며, 제 몸이 닿으면 '썩
는다.'는 표현을 하고 저와 눈이 마주치면 '눈이 썩는다.'고 합니다. 또 집에 오면 아빠와 엄
마는 일 때문에 힘드셔서 텔레비전만 보시고, 오빠는 컴퓨터를 하느라 저와 이야기를 나눌 사람이 없어
요. 그래서 혼자 울기도 해요…. 어떻게 해야 친구를 사귈 수 있을까요?

A 얼마나 힘들까요? 제 마음도 아픕니다. 요즘 친구들은 왕따를 시키면서도 너무 심한 말
을 써요. 그건 자기 마음속이 건강하지 못해서 그렇답니다. 마음속이 건강하고 맑으면
굳이 심한 말을 해서 남에게 상처를 줄 필요가 없어요. 심한 말을 하는 건 자기 속에서
썩고 있는 화를 밖으로 내뱉으려고 그러는 거지요. 그러니 주연 양, 그런 말에 상처받지 마세요. 상
처받기엔 주연 양이 너무 소중합니다. 아무도 안 알아줘도 주연 양은 소중해요.
자신을 스스로 소중하게 여기고, 허리를 똑바로 펴고, 맑은 눈으로 다니면 분명 주연 양을 좋아하
는 친구가 나타날 거예요. 겁먹고 기죽어 다니면 안 나타나요. 학교에서 힘들면, 인터넷 카페도 좋
아요. 교회나 옛날 친구도 좋고요. 친구는 많을 필요도 없습니다. 한두 명만 있어도 되지요. 그런데
너무 기대하거나 의지하진 마세요. 친구를 애타게 찾으면 친구가 잘 안 생긴답니다. 나 혼자서도
얼마든지 잘 살 수 있다고 생각해 보세요. 그럼 오래지 않아 친구가 나타납니다. 그리고 지금 당장,
미안해 마시고 부모님께 말하세요. "엄마, 아빠. 저 외로워요."라고.

서천석 원장님께서는 서울대학교 의과대학 및 대학원을 졸업하시고, 서울대학교병원 신경정신과
전문의 과정을 수료하신 후 현재 〈서울신경정신과〉에 계십니다.

우린 모두 소중한
존재랍니요!

★ 응모방법: 애독자엽서 ★ 응모기간: 수시 접수 ★ 발표: 〈코믹 메이플스토리〉 47권
(2011년 8월 20일 출간 예정) ★ 선물: 서정은 & 송도수 작가님이 직접 사인한
〈스터디플래너〉(1명) ★ 배송일: 2011년 8월 10일까지

〈코메 보고 상상하자!〉 또는 〈코메 따라잡기!〉에 세 번 이상 당선될 경우, 이후 당선작 후보에서
제외되고 특별한 선물과 함께 〈코메소식통–명예의 전당〉에 이름이 올라갑니다.

191

코믹 메이플스토리 내솜씨최고

코믹 메이플 오프라인RPG
(http://cafe.naver.com/comixrpg)
네이버 공식 팬카페에 있는 〈코메그림자랑(책)〉 코너에 그림을 올려주시면
서정은 작가님의 소감과 함께 〈코믹 메이플스토리〉 책에 소개해 드려요.
여러분의 실력을 마음껏 표현해 보세요!

크리스트온(usieum)

◀ 메이플 친구들이 모두 모여 행복한 시간을 보내고
있습니다. 파풀라투스, 마스터 크로노스, 디노보이,
디노걸 같은 추억의 캐릭터들도 보이네요!

츠키나기라키쇼5(lij5l2)

◀ 마법책의 주문을 연습하는 사랑스러운 꼬마 마법사 주카입니다.
머리카락과 모자의 음영을 잘 살린 깔끔한 채색이 돋보이네요.

잡식주의(chldpdy)

▶ 아루루와 바우가 사이좋게 찍은
사진입니다. 구겨진 사진 속의 맑은 하늘과
자연스럽고 밝은 표정이 추억의 앨범을
들여다보는 느낌을 줍니다.

달콤슈크림(kewooo)

◀ 도도와 에아가 손을 꼭 잡고 즐거운 한때를 보내고 있는
모습이 보기 좋습니다. 선물과 과자들이 달콤슈크림 님의
이름만큼이나 달콤한 그림입니다.

딸정(alswjd6644)

▶ 천사와 악마로 변신한 메이플 친구들의 표정이
생생하고 귀엽습니다. 특히 아루루에게 반한 주카와
카이린의 표정이 재미있네요.

애독자엽서

보내는 사람

이름 _____

주소 _____

전화번호 ( ) _____

핸드폰번호 _____

이메일 _____

학교(유치원) _____ 학년 □□ 반 □□

주소를 정확히
써주셔야 응모
당첨 수 있다(ㅆ)

"독자 여러분 ~ 감사합니다!"

● 주소와 전화번호를 정확히 적어주세요.

우편요금
수취인후납부담

발송 유효 기간
2007. 10. 1 ~ 2011. 9.30
서울 용산 우체국
제 1370호

서울문화사 아동기획팀 귀중

서울특별시 용산구 한강로2가 2-35

서울문화사 2층 아동기획팀

전화 [마케팅] 7910-754 [편집] 7999-148

팩스 [마케팅] 7494-079 [편집] 7999-300

1 4 0 - 7 3 7